國學特訓班

原來
歷史是這樣
才子上場

程琳◎著
熊慧賓◎繪

五南圖書出版公司 印行

本書出場人物

- 袁枚
- 金聖歎 
- 李清照 
- 陸游 
- 蘇軾 
- 杜審言 
- 辛棄疾 
- 孔融 
- 司馬光 
- 李白 
- 陶淵明 
- 阮籍

中國古代歷史朝代表

五帝	夏	商	西周	東周 春秋→←戰國
五帝 約前30世紀初—約前21世紀初	夏 約前2207—約前1766	商 約前1765—約前1122	西周 約前1121—前771	春秋 前770—前403 戰國 前403—前221

秦	西漢	東漢	三國	西晉
秦 前248—前207	西漢 前206—8	東漢 25—220	三國 魏 220—265 蜀漢 221—263 吳 222—280	西晉 265—316

東晉	五胡十六國	北朝	南朝	隋
東晉 317—420	五胡十六國 304—439	北朝 386—581 （政權有：北魏、東魏、西魏、北齊、北周等）	南朝 420—589 （政權有：宋、齊、梁、陳）	隋 581—618

唐	五代	十國	北宋	南宋
唐 618—907	五代 907—960	十國 902—979	北宋 960—1127	南宋 1127—1279

遼	西夏	金	元	明
遼 907—1125	西夏 1032—1227	金 1115—1234	元 1206—1367	明 1368—1644

清

清
1636—1911

中國古代朝代口訣

60個字將「中國古代朝代」全概括

三皇五帝始，堯舜禹相傳；

夏商與西周，東周分兩段；

春秋和戰國，一統秦兩漢；

三分魏蜀吳，兩晉前後延；

南北朝並立，隋唐五代傳；

宋元明清後，皇朝至此完。

目錄 contents

01.
Hi，吃貨文人！
- 袁枚 02

02.
Hi，任性文人！
- 金聖歎 10

03.
Hi，「收藏家」文人！
- 李清照 18

04.
Hi，養生文人！
- 陸游 26

05.
Hi，美食文人！
- 蘇軾 34

07.
Hi，豪俠文人！
- 辛棄疾 ……………… 48

06.
Hi，自戀文人！
- 杜審言 ……………… 40

謫仙人，今天我請客，你儘管喝！

08.
Hi，神童文人！
- 孔融 ……………… 56
- 司馬光 ……………… 58

09.
Hi，「酒迷」文人！
- 李白 ……………… 64
- 陶淵明 ……………… 66
- 阮籍 ……………… 68

> 誰叫我愛吃呢？

「隨園吃貨」袁枚

　　提到袁枚，你腦海中最先浮現出的，是不是耳熟能詳的那首〈所見〉呢？

　　　　牧童騎黃牛，歌聲振林樾（ㄩㄝˋ）。
　　　　意欲捕鳴蟬，忽然閉口立。

　　沒錯，本期主角，正是這位超級吃貨──清朝詩人袁枚。

Hi，吃貨文人！

原來你是這樣的文人

本期主角　袁枚

清朝乾隆至嘉慶年間的代表詩人、散文家、文學批評家和美食家。為官勤政，頗有聲望，但仕途不順。後辭官隱居於南京小倉山隨園，廣收詩弟子，女弟子尤其眾多。擅長寫詩，少年時就聲名遠揚，主張詩文審美創作應該抒寫性靈，要寫出詩人的個性，表現其個人生活際遇中的真情實感。

通天老狐　業界認證吃貨　「食學」倡導者　女權代表者

小檔案

本名	袁枚
別稱	倉山居士、隨園主人、隨園老人
所處時代	清朝
民族	漢族
出生時間	西元 1716 年 3 月 25 日
去世時間	西元 1798 年 1 月 3 日
主要作品	《小倉山房詩文集》、《隨園詩話》、《隨園食單》、《子不語》等
主要成就	提倡「性靈說」，與趙翼、張問陶並稱「性靈派三大家」

性靈說　性靈的本意指人的心靈，袁枚所說的「性靈」，包含了性情、個性、詩才等。性靈說是中國古代詩論的一種詩歌創作和評論的主張。它與神韻說、格調說、肌理說並列為清代前期的四大詩歌理論派別。一般把性靈說作為袁枚的詩論，它繼承並發展了明代以公安派為代表的「獨抒性靈，不拘格套」的詩歌理論。

02　原來歷史是這樣【才子上場】

都說藝術源於生活，袁枚的〈所見〉將田園生活細節描寫得如此傳神，可見他是一個熱愛生活之人。有著「隨園主人」稱號的袁枚很會享受生活，他的「隨園」大豪宅不比歐洲大城堡差多少，要園林有園林、要田產有田產，甚至還自帶養殖場呢！

　　文人弄點假山園林，把自己的住宅裝修得風光秀麗來欣賞很正常，但還空出個百畝地來自己耕作養殖，未免太閒了吧？這就是你不了解袁枚的隱藏屬性了。別看他是「乾隆三大家」之一（其他兩位是趙翼、蔣士銓，因為詩風大致相同而得名），又與紀曉嵐齊名（並稱「南袁北紀」），但他的心思並非都花在了舞文弄墨上，反而更喜歡在飲食上下工夫。

> 不想當廚子的詩人不是好的農場主人！

工夫與功夫

　　經常有人會弄錯工夫與功夫的用法，如果用來：「1. 表示占用的時間；2. 表示空閒的時間；3. 指人的本領怎樣、造詣（一ˋ）如何」，兩者通用，但如果用來指武術，則一定要用「功夫」。

袁枚愛吃，自然不會滿足於只吃一個地方的菜餚。他遊歷了大半個中國，四處走動品嘗，無論是酒樓招牌菜，還是私房菜，都不放過。他還會寫日記，將他一整天吃過的美食都記錄下來。用「行萬里路，吃萬家菜」來形容他再貼切不過啦！

　　但問題來了，別處吃到的美食，回到自家隨園就吃不到，這不是要了袁枚這個吃貨的命嗎？但每次都跋涉過大半個中國去解嘴饞，那也太辛苦了吧。於是袁枚想了一個主意──收集美食的做法，自己動手做，不就什麼時候想吃就能吃到了嗎？因此，哪裡有好吃的，哪裡就有袁枚虛心請教的身影，他把烹飪方法討教過來，再讓自家的廚子照著做。除此之外，他也常用八抬大轎把外面的廚子請到隨園中做菜，設宴款待，與「飯友」們同樂。

　　於是一年又一年，袁枚靠著對收集美食的熱忱，掌握了大量美食的一手烹飪資料。陶淵明不肯為五斗米折腰，可是美食圈卻流傳著袁枚為某道豆腐菜餚做法「折腰」的故事。等手頭上的資料充足後，袁枚又產生了新的想法：獨樂樂不如眾樂樂，不如來寫本美食專著，也好讓那些人間美味不至於絕跡江湖。

　　對於文學家來說，寫本書有什麼難的？於是一本介紹美食的著作──《隨園食單》便誕生了。

不為五斗米折腰

比喻為人有骨氣，不為利祿所動，出自《晉書·陶潛傳》。著名的東晉田園詩人陶淵明任縣令時，不願向貪官低頭，與之同流合汙，於是說出「吾不能為五斗米折腰，拳拳事鄉里小人邪」，便辭官回鄉去了。

這本《隨園食單》承載了袁枚四十年的美食體驗，從選擇烹調原料到挑選廚具器皿，從糕點小吃到美酒名茶，從家常小菜到山珍海味⋯⋯共有 326 種南北菜餚飯點。在該書中，袁枚除了如數家珍般地介紹豆腐料理哪家強，蘿蔔菜餚哪家好等美食經驗，連吃食的禁忌與上菜的順序都作了見解獨到的闡（ㄔㄢˇ）述呢。不僅如此，袁枚還講究吃得「文藝」，常把飲食的道理與文學創作的理論連繫起來，認為做菜與寫作有著極多共同之處。在袁枚看來，懂吃不僅意味著要吃得好，更要吃出境界。

所以這本涵蓋各方面的美食巨著一誕生，立刻成了廚師們爭相購買的寶典級暢銷書。民以食為天，古今中外都是如此，因此英、法、日等國家也都紛紛出版了《隨園食單》的譯本。

如數家珍

意思是好像在數自己家裡的珍寶一樣。通常用來形容某人對所講的事情十分熟悉。

例句：他對當地的美食如數家珍。

雖然袁枚愛吃是出了名的，但各類記載中卻鮮少有關於他親自下廚烹飪的文字，由此推斷，他本人的廚藝可能並不精湛。但《隨園食單》既然能被廚師們奉為經典，可見並非「紙上談菜」，還是具有極強的參考性與可行性的。《隨園食單》之所以能做到這一點，還得得益於隨園裡的掌勺大廚王小余。

據說這位王小余燒的菜餚香氣四溢，十步之外就能讓人饞得口水直流。想一想，當年那麼多廚子應徵隨園的掌勺人，唯獨王小余得到了袁枚這個老饕的認可，其廚藝可見一斑。除了烹調經驗老到，王小余還自有一套美食理論，並用一日三餐影響著袁枚的「美食觀」。所以袁枚不僅為他寫了一本《廚者王小余傳》，更是在《隨園食單》中的不少章節裡加入了王小余的精闢見地。

王小余的菜做得這麼好，想挖他的人也著實不少，可是他偏偏認定了袁枚，為袁枚做了一輩子菜，最後在隨園中終老。而對於袁枚這個「隨園吃貨」來說，一生能得王小余這樣一位知己，也是一件「夫復何求」的幸事啊！

老饕

由「饕餮（ㄊㄠ ㄊㄧㄝˋ）」演變而來，指那些特別會吃，對美食文化、傳統很了解的食客。饕餮原指中國古代神話中的凶獸，因其極凶狠、貪吃，而被用來代指貪吃的人。

> 我們是美食界的最佳拍檔！

袁枚也是個「背包客」

　　愛吃的人往往給人大腹便便（ㄆㄧㄢˊ ㄆㄧㄢˊ）、不愛運動的印象，但是袁枚卻並非如此。袁枚年輕時就很喜歡遊山玩水，但古人講究孝道，雙親健在時不出遠門。所以袁枚一直到六十七歲那年服喪完畢後，才終於開始實現「世界那麼大，我想去看看」的旅行心願。身為一個高齡旅行家，袁枚行走江湖的速度卻著實不慢，僅僅一年時間，他的足跡就遍布了天台山、雁蕩山、黃龍山等名山。

　　第二年，袁枚又去登了黃山，之後就澈底停不下來，過了春節後立刻又出發，規劃了一個更遠的旅行路線──從江西廬山一路遊玩到了廣東羅浮山、丹霞山，再到廣西桂林，之後從永州折返回家，順路再去衡山走一走。袁枚這旅遊行程規劃做得極其不錯，一路上有山有水有風光，更有各地特色小吃，不繞遠路，不浪費時間，直到臘月底行程結束回家。七十歲以後，袁枚也沒放棄旅行，還去了武夷山，遊了江蘇沭陽，甚至還有「三訪」的興趣，去了三次天台山。八十歲時，袁枚繼續遠行，在吳越的山水之間遊玩，不亦樂乎。怪不得人家寫給他的八十大壽賀詞是「八十精神勝少年，登山足健踏雲煙」呢！

快到山頂了！

有才任性的金聖歎

　　中國歷朝歷代從不缺少才華橫溢的文人，以個性桀驁（ㄐㄧㄝˊㄠˊ）不馴、放蕩不羈（ㄐㄧ）聞名的也不在少數，但能將「有才就是任性」貫徹一生，甚至哪怕在生命的最後都不曾放棄的，卻寥寥無幾。金聖歎這個獨樹一格的文人正是個中典範。

Hi，任性文人！

原來你是這樣的文人

本期主角　金聖歎

明朝末年、清朝初期的文學家、文學批評家。主要成就在於文學批評，對《水滸傳》、《西廂記》、《左傳》等書及杜甫諸家唐詩都有評論。金聖歎提升了通俗文學的地位，提出「六才子書」之說，使小說戲曲與傳統經傳詩歌並駕齊驅。金聖歎被推崇為中國白話文學運動的先驅，在中國文學史上占有重要地位。

狂放不羈　白話文先驅　文學批評家　佛學愛好者

小檔案

本名	金聖歎
別稱	張喟、金人瑞
所處時代	明末清初
民族	漢族
出生時間	西元 1608 年 4 月 17 日
去世時間	西元 1661 年 8 月 7 日
主要作品	《沉吟樓詩選》、《唱經堂才子書匯稿》
主要成就	點評《水滸傳》、《西廂記》，提出「六才子書」之說

白話文學研究的開拓者

　　金聖歎是中國白話文學研究的開拓者，提升了通俗文學的價值。前人稱讚白話文學大多泛泛而論，他卻以細緻深入的評論，證明這些作品如何優秀，能與經典名作相提並論，自此白話文學在士人間更為流行。

　　同時，金聖歎開創了細讀文本的文學批評方法，成為中國史上最有創意的文學批評家之一，在小說批評的領域更是首屈一指。

談及金聖歎，大多數人只知道他是一個文學評論家，卻不知他本人的創作才華也極為驚人，寫詩、填詞、對對子……對他來說都是「小菜一碟」。他作詩雖比不上白居易等人那般多產，但也有三百八十多首被收錄在《沉吟樓詩選》中得以傳世，至今還有不少學者在研究這本《沉吟樓詩選》。不少人可能都會覺得《沉吟樓詩選》實在陌生，那這副巧妙趣聯「天上月圓，人間月半，月月月圓逢月半；今夜年尾，明朝年頭，年年年尾接年頭」總眼熟吧？它可是文學作品中的常客，正是出自金聖歎之手哦！

　　原本有這樣的文采去參加科舉肯定是沒問題的，但金聖歎是一個獨樹一格的文人，用時下最流行的說法也可以稱為「腦迴路」與眾不同。所以面對科舉試題，金聖歎的答案每每都令人哭笑不得。例如：有一回的考題是「西子來矣」，就是讓大家評論西施被送到吳國這件事。這道題可以用「考到爛了」來形容，金聖歎卻選擇另闢蹊徑來解讀，將「西子來矣」理解成「西門的人來了」，大筆一揮瀟灑地寫下幾句話：「開東城，西子不來；開南城，西子不來；開北城，西子不來！開西城，則西子來矣！」結果可想而知，考官也大筆一揮，金聖歎回家繼續待業去了……。

另闢蹊徑

意思是另外開闢一條路，比喻另創一種風格或方法。
例句：在學習上，他善於另闢蹊徑，尋找更有效、合理的方法。

金聖歎在科舉考試這條路上屢戰屢敗，到最後也未能通過科舉考試走上仕途，卻等來明王朝滅亡。

　　此時的金聖歎已經是江南一帶頗負盛名的才子。他放蕩不羈，不守禮教，不裝模作樣，不假清高。他的才華、學識跟那些為了應付八股文考試的「死學問」不一樣，而是真正的學識淵博。

　　金聖歎為他的學生講經史的時候，常常妙語連珠，內容涉及經史百家。金聖歎不僅對正史信手拈來，還對稗（ㄅㄞˋ）官野史、佛道典籍等無所不知，無所不能。金聖歎在評論文學詩詞上頗有見地，讀書更是喜歡隨手批註，這也讓坊間很多書商透過翻刻他批註過的書籍來發財，形成了當時流行的「金聖歎熱」，讀書人以收藏金聖歎批點的「才子書」為榮，可見當時他的知名度與影響力。

著名的貳臣錢謙益是金聖歎的舅舅，他生日時，金聖歎聽母親的話去給舅舅祝壽。席間，有一位客人請一直埋頭猛吃的金聖歎露一手，讓大家見識一下他的才華。金聖歎爽快地答應了：「那我就寫副對聯吧！」只見他大筆一揮，七個大字躍然紙上：「一個文官小花臉。」眾人當時都傻眼了。舅舅更是老臉煞（ㄕㄚˋ）白，手一哆嗦（ㄉㄨㄛ・ㄙㄨㄛ）還扯掉了幾根鬍子。剛要發火，就看到金聖歎又提筆寫了幾個字：「三朝元老……」大夥紛紛為金聖歎的文筆鼓掌叫好！舅舅更是轉怒為喜：「好外甥，人才啊！」金聖歎這時嘿嘿一笑，刷刷刷幾筆寫完，把筆一扔，揚長而去。大夥湊近一看，好傢伙，「三朝元老大奸臣」，頓時把舅舅氣得手腳冰涼。對於自己的親舅舅尚且如此不留情面，金聖歎的狷（ㄐㄩㄢˋ）狂可見一斑。

太有文采了！

貳臣

指在前一個朝代做官，投降後一個朝代之後又做官的人。

很多時候，「有才任性」的文人都不會有太好的下場，金聖歎也不能倖免。就在清朝順治帝誇他是「古文高手」的第二年，他就因為參與抗議示威活動而被判斬首示眾，史稱「哭廟案」。但那些圍繞著他臨死前的不少逸事趣聞，無不證實他將任性進行到底。比如行刑前，金聖歎還惦記著與一個老和尚的對聯還沒對出來；又比如留下的「祕笈」居然是花生米與豆干同嚼，有核桃的味道。

當然了，生命結束前，吟詠一首絕命詩也是文人不可少的儀式：

「天悲悼（ㄉㄠˋ）我地亦憂，萬里河山帶白頭。明日太陽來弔唁（ㄧㄢˋ），家家戶戶淚長流。」

然而，這還並非金聖歎在世界上留下的最後聲音。行刑過後，金聖歎的左右耳裡竟然分別掉出一個紙團，一個寫著「好」字，一個寫著「疼」字。這位桀驁文人哪怕是死，也不忘以出人意料的方式來調侃自身的苦難，戲謔（ㄋㄩㄝˋ）世人的艱辛，如此的「有才就是任性」，真是千古難出一人啊！

哭廟案

「哭廟案」原本是吳縣諸生為聲討吳縣縣令任維初的貪酷而組成的地方性請願活動。秀才們無力造反，只能到文廟中的先聖牌位面前痛哭流涕，發洩自己的怨恨與牢騷。然而，哭廟之際正值順治帝駕崩之時，秀才們的舉動被認為是觸犯了順治帝的靈位，犯下了大不敬之罪，金聖歎與諸生因此被捕，被判斬首。

金聖歎的「有才任性」，不但展現在他的文學創作與為人處世上，還在他的文學批評中展露無遺。其他人為作品評論時，「動口不動手」，只評斷幾句就算了。金聖歎卻要在評論原作的同時自己動手修改，小則修改字句，大則干涉全局，進行大刀闊斧的刪改。比如《水滸傳》，他認為五十回後都是狗尾續貂，沒必要留著──全刪掉！還有《西廂記》的第五本，他讀完以後斷定這肯定不是王實甫自己寫的，於是又下「毒手」，把後面的全部刪掉，只以如今最有名的〈驚夢〉一段作為結尾。

　　這麼一看，金聖歎做文學批評時也是夠任性的。但他不是在「胡鬧」，確確實實用自己較為有條理的小說與戲曲創作理論對文學批評這個領域做出了顯著的貢獻。他不僅提出了小說與戲曲敘事手法的規律，還提出了以塑造人物性格為中心的批評觀點，並總結了不少聽起來頗為獨特的創作方法與批評方法，例如：什麼草蛇灰線法、綿針泥刺法、獺（ㄊㄚˋ）尾法等，所以金聖歎這個文學批評家的頭銜（ㄒㄧㄢˊ），可不是白得的呀！

金聖歎與他的文學批評

這寫的都是什麼垃圾？刪刪刪！

收藏狂人李清照

　　眾所周知，李清照不僅在宋朝，甚至在整個中國的歷史上，都是出了名的才女，會寫詩、會作詞，被稱為「詞國皇后」。她的婉約詞自不必多說，名句多得數不過來。可是真正讓她傾注一生時間去喜愛乃至痴迷的，卻是收藏！

Hi,「收藏家」文人！

原來你是這樣的文人

本期主角　李清照

宋朝女詞人，婉約派代表，有「千古第一才女」之稱。出身於書香門第，早期生活優裕，父親為當時禮部員外郎李格非，藏書非常豐富，為她打下很好的文學基礎。出嫁後與丈夫趙明誠共同致力於書畫金石的搜集、整理。前期作詞多寫其悠閒生活，後期多悲嘆身世，情調感傷。她的創作內容因她在北宋和南宋時期生活的變化而呈現出不同的風格。

小檔案

千古第一才女

女中文豪　婉約詞派代表　詞國皇后

本名	李清照
別稱	李易安、易安居士
所處時代	北宋至南宋
民族	漢族
出生時間	西元1084年3月13日
去世時間	西元1155年
主要作品	〈聲聲慢・尋尋覓覓〉、〈一剪梅・紅藕香殘玉簟秋〉等
主要成就	詩詞創作，詩詞理論

易安體

　　李清照是宋詞婉約派大家。她的詞婉約而不流於柔靡，清秀而具逸思，富有真情實感，語言清新自然，流轉如珠，音調優美，因此名噪一時，被稱為「易安體」。「易安體」既保持了南唐以來抒情詞的傳統詞風，又創造了以時代悲劇為背景的、表現作者個人的深沉感受和巨大不幸的藝術風格。在宋朝詞苑中，易安體獨樹一幟（ㄓˋ），自成一家，並對宋詞的發展有其特殊貢獻。

大才女的收藏情緣

　　李清照的收藏品涉獵極廣,包括金石、字畫和各類古玩。這裡的「金石」可不是什麼石頭,也不是金屬,而是指古代用來鐫(ㄐㄩㄢ)刻文字、頌德紀事的青銅器、碑石,還包括竹簡、甲骨、玉器上的文字銘刻及其拓(ㄊㄚˋ)片。

　　李清照痴迷收藏到什麼程度呢?簡單來說,就是自己當一個「收集狂」還不夠,還得找個志同道合的丈夫一起玩收藏!這就不得不提李清照的丈夫趙明誠了。趙明誠是當時左僕射趙挺之的三兒子,才情不錯,從小就愛好金石學,時常喜歡跟著當時的大學問家們四處探尋金石刻詞,很符合李清照的擇偶條件。

　　中國最早的金石目錄與專著《金石錄》,大部分內容就是由中年時的趙明誠撰寫的。當然,這部著作的誕生是後話了。李清照與趙明誠年輕時一拍即合,結為連理,從此過上了以收藏為樂的幸福日子。

《金石錄》

　　共有三十卷,由趙明誠撰寫大部分,其餘部分是妻子李清照完成。著錄趙明誠和李清照所見的,從上古三代至漢唐五代以來,鐘鼎彞(ㄧˊ)器的銘文款識和碑銘墓誌等石刻文字,近二千種,是中國最早的金石目錄和研究專著之一。前為目錄十卷,後為跋尾二十卷,考訂精核,評論獨具卓識。

★ 趙明誠

　　宋朝著名金石學家、文物收藏家,女詞人李清照的丈夫。與李清照、歐陽修皆為金石學的代表人物。

夫妻齊心玩收藏

當時趙明誠還是個太學生，夫妻二人過著不富裕的日子，照理來說是玩不起收藏的。但真正的愛好是任何困難都擋不住的，因此夫妻二人相約，趙明誠每逢初一、十五，就會把衣服押在當鋪，換五百銅錢和李清照一起去「挖寶」——買碑文。

後來趙明誠當官有了俸祿，李清照的生活卻沒有因此奔向小康。為了尋訪更多藏品，夫妻二人更加節衣縮食。有一回，李清照在集市上看到有人在賣名人書畫和夏、商、周的器具，心中大喜，想要買下，卻發現手裡的現金不夠，竟找了一個偏僻的地方，直接脫下衣服典當換錢，然後把自己相中的藏品買走。

經濟上的捉襟見肘，為李清照的收藏生涯帶來了不少遺憾。當時有人聽聞李清照夫婦酷愛收藏，就拿了幅南唐徐熙畫的〈牡丹圖〉上門交易，一口價二十萬錢！李清照夫婦將這幅畫留了兩晚欣賞，最後只能因阮囊羞澀（ㄙㄜˋ），還給了賣家。錯失珍貴藏品，夫婦二人為此鬱悶了好幾天呢！

> 我要典當這件衣服。

後來，由於黨派之爭，李清照夫婦搬回青州老家閒居十年。接著趙明誠做了幾年的地方官，還算有些收入，足以支撐兩人的收藏愛好。李清照每得到一本古籍，就會和丈夫一起校勘（ㄐㄧㄠˋ ㄎㄢ），整理成集，題上書名。若是買到心儀的書畫和古代酒器，夫妻二人也會一起鑑賞，指出其中的毛病。這一欣賞起來，難免愛不釋手，感覺不到時間的流逝，所以趙明誠與李清照約定，每天晚上燒完一支蠟燭，就得「收工」了。

十年一覺金石夢

　　久而久之，李清照夫婦的藏書遠遠超過當時的許多收藏家，必須建個書庫了。趙明誠既要工作，又忙著四處尋寶，這整理歸類的重擔自然落在了李清照的身上。做自己喜歡的事情，與自己欣賞的藏品在一起，李清照並不覺得辛苦。她在書庫櫥櫃上編上「甲乙丙丁」的號碼，想看時，需在簿子上登記，然後才拿鑰匙取出所要的書籍。

校勘

　　校對勘正，用同一部書的不同版本和有關資料加以比較，考訂文字的異同，目的在於確定原文的真相。是書本、報刊、文集等的修正所必經的一些程序。

想看書？先登記！

這樣把書籍束之高閣的做法，趙明誠很滿意，可是李清照漸漸感到不對勁：書光藏著不看有什麼意思？她收藏書籍就是圖個愜（ㄑㄧㄝˋ）意啊！於是她撇開丈夫，開始「獨家」收藏——但凡諸子百家的書籍，只要字不殘缺、版本不假，就立刻買下。為省錢買書，李清照不吃第二道葷菜，不穿第二件好衣服，不戴貴重首飾，也不用太好的家具。日子過得是苦了些，但只要把這些書籍往几案上一擺，在床榻邊一堆，她就感到異常滿足。

然而好景不長，戰亂很快席捲了宋朝。在顛沛流離之中，丈夫身亡，孤身一人的李清照無力保全眾多藏品，因此七、八成的藏品在戰火中被毀或遺失。她唯一能做的，就是將趙明誠留下的《金石錄》初稿整理編撰，再添上一篇〈金石錄後序〉，把自己坎坷（ㄎㄢˇㄎㄜˇ）的收藏之路記錄下來，讓後人記住收藏界曾有過一個「收集狂」叫李清照。

束之高閣

本意是把東西捆起來以後放在高高的架子上。比喻放著不用、丟在一旁不管；也比喻把某事或某種主張、意見、建議等擱置起來，不予理睬和辦理。

例句：弟弟買回這本書還沒怎麼看就束之高閣了。

不幸中依舊堅毅的「千古第一才女」

　　李清照的前半生，因為與趙明誠志趣相投，過著安穩美滿的生活。儘管夫妻二人在收藏的觀念上意見相左，但仍不失為一對令人羨慕的恩愛眷侶。然而當戰火燃起，趙明誠病逝，命運無情地將李清照置於孤苦伶仃、漂泊異鄉的境地裡，甚至連房東都暗中偷竊她艱難保存下來的幾箱書畫古玩。這讓李清照倍感無力。

　　孤獨無依之時，她選擇嫁給了當時追求自己的右承奉郎張汝舟，渴望後半生能有個依託。然而李清照婚後才發現，張汝舟並不愛她，只是為她的收藏品而來。她不肯把收藏品交給張汝舟，還因此差點兒被打死。現實的殘酷讓李清照認清了張汝舟的真面目，決心不惜代價與他離婚。她很快收集到了張汝舟用欺瞞手段獲取官職的證據，並檢舉上告。證據確鑿，張汝舟自然逃不過牢獄之災，可是按照宋朝的法律，妻子控告丈夫，妻子也要入獄兩年。好在當時李家和趙家在朝為官的不少，從中斡（ㄨㄛˋ）旋，李清照在牢裡只待了九天，就被放了出來。

　　這就是李清照，在經歷了生離死別、流離失所後，依舊有勇氣追求自己想要的生活，不惜下獄也要與張汝舟這樣的奸惡小人劃清界限，真不愧是「千古第一才女」啊！

◆ 斡旋

　　從中調解，解決兩方爭端。
　　例句：多虧他從中斡旋，這件事才能這麼快解決。

中藥達人陸游

　　提到陸游，大家第一個想到的關鍵詞想必都是「愛國詩人」。他的詩作最廣為傳頌的，是那一句「山重水複疑無路，柳暗花明又一村」。但你知道嗎？陸游不僅愛國、愛民、愛遊山玩水，也很鍾愛中草藥哦！

Hi，養生文人！

原來你是這樣的文人

本期主角　陸游

南宋時期的文學家、史學家、愛國詩人。陸游出生時正逢北宋末年，因此從小深受愛國思想的薰陶。一生筆耕不輟（ㄔㄨㄛˋ），詩詞文具有很高成就。其詩語言平易曉暢、章法整飭（ㄔˋ）謹嚴，兼具李白的雄奇奔放與杜甫的沉鬱悲涼。詞與散文有《劍南詩稿》85 卷，收詩 9000 餘首。又有《渭南文集》50 卷、《老學庵筆記》10 卷及《南唐書》等。其書法遒（ㄑㄧㄡˊ）勁奔放，存世的墨跡有《苦寒帖》等。

小檔案

本名	陸游
別稱	務觀、放翁
所處時代	南宋
民族	漢族
出生時間	西元 1125 年 11 月 13 日
去世時間	西元 1210 年 1 月 26 日
主要作品	《劍南詩稿》、《渭南文集》、《老學庵筆記》
主要成就	文學貢獻，南宋四大家之一

書法愛好者
小李白
愛國詩人
辛派詞人

南宋四大家

中國南宋前期尤袤（ㄇㄠˋ）、楊萬里、范成大、陸游四位詩人的合稱，又稱中興四大詩人。影響很大，代表了宋朝詩歌第二個最繁榮的時期。尤袤流傳下來的作品很少，楊萬里有《誠齋集》，范成大有《范石湖集》，陸游有《陸放翁集》。

藥不能停

陸游早年身體一直不太好,卻活到了八十五歲的高齡。在壽命普遍較短的古代,就算是身體強健者,活到這把歲數的也不多。他之所以能如此長壽,除了心境豁(ㄏㄨㄛˋ)達、勤於鍛鍊外,還有一個重要的祕訣,那就是「藥不能停」。關於服食中藥或中藥所製作的藥膳的詩句,陸游寫過不少,比如「盤餐敢辭飽,滿箸藥苗香」、「松根茯苓(ㄈㄨˊ ㄌㄧㄥˊ)味絕珍,甑(ㄗㄥˋ)中枸杞(ㄍㄡˇ ㄑㄧˇ)香動人」等。從這些詩句中不難看出,在陸游眼裡,中藥不僅能治病養生,還是一等一的美味,恨不得三餐都配著飯來吃呢!

不過這些松根、茯苓、枸杞之類的中藥,卻不是陸游買回來的。他吃的大部分中藥都是自己親手種植的。天然無農藥,吃得放心又開心。為了能種植更多品種的草藥,他常常向人討要種子,如十二首〈村舍雜書〉中的第八首就有呈現。當然了,有些品種的中藥,憑自家的條件栽種不了的,他便進山去採。為了採到心儀的中藥,陸游經常「採藥不辭千里去」,而且還是「日夜松風無歇時」。瞧瞧他這日夜兼程、風雨無阻的精神,不是真愛還真是做不到啊!

村舍雜書(其八)

逢人乞藥栽,鬱鬱遂滿園。
玉芝來天姥,黃精出雲門。
丹苗雨後吐,綠葉風中翻。
活人吾豈能,要有此意存。

聞松風有感

重位每憂身後罵,
虛名不救眼前飢。
直須採藥名山去,
日夜松風無歇時。

是詩人也是大夫

陸游喜歡中藥，於是他的朋友便也投其所好，送中藥給他。〈遊學射山遇景道人〉一詩，寫的就是好友送給他一種能夠使白髮變黑的神奇草藥。但陸游並沒有在詩中寫出草藥的名稱，只說是「奇草」，真是賣足了關子。他在現實中獲贈的草藥不寫出名稱，反倒是在記錄自己食藥美夢的作品中對「地黃」這味藥材點名表揚，說它就像崑崙的神仙泉水一樣甘甜，有著返老還童、包治百病的奇效，服下之後他都可以丟開拐杖，出門跑步去了！

> 務觀，這是咱陸家祖傳的醫書，你可要好好珍藏啊！

然而很可惜，這一切只不過是關於友人贈藥的一場夢罷了。夢醒之後，他還是拄著拐杖，老老實實地「餐靈芝（吃靈芝）」去嘍！

看到這裡，你可能要說了，這藥再好吃，也不能亂吃啊！陸游成天這麼吃藥，真的沒問題嗎？答案很肯定——完全沒問題！在陸游關於中藥的詩作中，雖有單單誇讚中藥味美的，卻也不乏滲透著藥理的。尤其是中藥食療方面，陸游可以說是相當精通。

這得益於他的祖上本就有學醫的傳統，還出過一本名叫《陸氏集驗方》的醫書。因而陸游從小就對中藥頗感興趣，學習之餘不僅靠熟讀《爾雅》與〈離騷〉記下了不少草藥的名稱，還透過各類諸如《神農本草經》之類的典籍掌握了不少中藥食療的法子。

★ 陸贄

　　中唐賢相，是唐朝著名的政治家、文學家、政論家。浙江全省的陸氏幾乎都是陸贄（ㄓˋ）的後裔，其中包括陸游。陸游也自稱近祖就是唐朝陸贄。陸贄遭陷，被貶後一直深居簡出，用十年時間撰集醫書《陸氏集驗方》五十卷，只可惜後來遺失。現在存於《翰苑集》（又名《陸宣公奏議》）中的，是後人編集的。

　　讀了那麼多藥理方面的書，又辨得出那麼多草藥，那接下來就得談到陸游學以致用的經歷了。在他的詩集《劍南詩稿》中，寫到有一回他病入膏肓（ㄏㄨㄤ），試了許多辦法都不見效，最終是靠他自己給自己把脈、開藥，才硬是把這條命給保住了。有了這麼過硬的醫術，陸游當然不會對鄉民的病痛置之不理，他常常替百姓診病、分發中藥。鄉民十分感激他，經常夾道歡迎，為表示謝意，鄉民還為自己的孩子取個帶「陸」的名字呢！

赤子之心藥濟世

　　如此以中藥為伴的日子看起來彷彿愜意，但實際上陸游的生活並不富裕，除了送藥，他偶爾也得賣賣藥，貼補家用。然而陸游畢竟是愛國詩人，賣藥都能賣出與普通商賈（ㄍㄨˇ）不同的境界。他在詩中談及了兩個人來言明自己賣藥的追求：一是「愁憑酒破除，病藉藥枝梧。焦革死已久，宋清今亦無」；二是「老欲躬耕力弗強，但應賣藥似韓康」。這宋清和韓康都是專注賣藥三十年的人，所賣的藥從來沒有出過差錯，更不賣假藥、不亂叫價。前者還經常讓別人賒（ㄕㄜ）帳，每到年底就把那些還不起錢的人的欠條燒掉。因為對於陸游來說，賣藥固然是門營生，卻更是他救死扶傷、接濟百姓的管道。就像他在〈樓上醉歌〉中寫的一樣：「我游四方不得意，陽狂施藥成都市。大瓢滿貯隨所求，聊為疲民起憔悴。」

　　縱觀陸游這一生，心繫國家卻官場失意，力主抗金而遭排擠打壓，寫下「僵臥孤村不自哀，尚思為國戍（ㄕㄨˋ）輪臺」的名句，但終究無法在官場與疆場上實現自己的抱負。可是他依舊放不下對社稷（ㄐㄧˋ）的憂心、放不下對民生疾苦的掛懷，唯有做起這「中藥達人」，以藥濟世，成全自己的一片赤子之心！

十一月四日風雨大作

　　僵臥孤村不自哀，尚思為國戍輪臺。
　　夜闌臥聽風吹雨，鐵馬冰河入夢來。

　　＊本詩表明陸游投身抗戰、為國雪恥的壯志，但卻不為朝廷所重，於是只能把為國家恢復中原的理想寄託到夢境之中。

陸游在詩歌〈銘座〉中總結過日常生活裡需要做到的養生之道。這首詩是這麼寫的：「天下本無事，庸人實擾之。吾身本無患，衛養在得宜。一毫不加謹，百疾所由滋。人生快意事，噬（ㄕˋ）臍莫能追。汝顧不少忍，殺身常在斯。深居勿妄動，一動當百思。每食視本草，此意未可嗤（ㄔ）。賦詩置座右，終身作元龜。」這首詩的第一句是不是特別熟悉呢？大家常常掛在嘴邊，卻不知這句詩是出自陸游寫給自己的一首養生座右銘詩。

　　陸游認為：第一要注意不利於身體的小事，各種疾病都是從一些小事滋生的。第二要保持心情愉快。第三做人要寬容。第四不要輕舉妄動。第五要按照科學的方法用膳（ㄕㄢˋ），也就是參考《神農本草經》來選擇吃什麼，不吃什麼。把這五項修身養性的事做到了，你說不定就可以像陸游一樣長壽啦！

陸游的養生之道

臉書

< 「北宋食神」蘇東坡　已追蹤

【今日美食分享】美食必吃榜 NO.2 東坡魚

東坡不才，今天為大家推薦一道好吃到哭泣的家常菜：東坡魚！
選材簡單，製作方便，非常適合家裡的老人、孩子吃！
做法如下：
1. xxxxxxx
2. xxxxxxx
3. xxxxxxx

#北宋食神自創美食

點讚 99999+　收藏 99999+　評論 99999+

臉書

< 「北宋食神」蘇東坡　已追蹤

1080-01-01

共計 1314520 條評論

蘇軾大人的迷妹　點讚 980
大人的魚看起來好好吃！

喜歡做飯的小廚娘　點讚 791
明天晚上就試試東坡先生的東坡魚！

啊啊啊起名怎麼這麼難　點讚 689
東坡大人，我來交作業了，您看還可以嗎！

唯愛東坡　點讚 980
看起來好好吃啊！好喜歡啊！！

辣條味小姐姐　點讚 666
超讚！！！！！！！！！

點讚 99999+　收藏 99999+　評論 99999+

蘇軾的「吃」情畫意

　　提到蘇軾，大家第一個反應都是「唐宋八大家」之一，進而聯想到課本中他的詩詞文章。但你知道嗎？這樣一位「雅士」，可是一位不折不扣的大美食家呢！

Hi，美食文人！

原來你是這樣的文人

本期主角　蘇軾

北宋著名文學家、書法家、畫家，歷史治水名人。北宋中期的文壇領袖，在詩、詞、文、書、畫等方面取得很高成就。其詩題材廣闊，獨具風格，與黃庭堅並稱「蘇黃」；與辛棄疾同是豪放派代表，並稱「蘇辛」；散文豪放自如，與歐陽修並稱「歐蘇」，為「唐宋八大家」之一。擅長書法，是「宋四家」之一；還擅長文人畫。作品有《東坡七集》、《東坡易傳》、《東坡樂府》、《瀟湘竹石圖卷》、《枯木怪石圖卷》等。

小檔案

本名	蘇軾
別稱	蘇東坡、蘇文忠、蘇仙、蘇玉局、東坡居士
所處時代	北宋
民族	漢族
出生時間	西元 1037 年 1 月 8 日
去世時間	西元 1101 年 8 月 24 日
主要作品	《東坡七集》、《東坡易傳》、《東坡樂府》等
主要成就	「唐宋八大家」之一，豪放派主要代表，「宋四家」之一（書法）

宋朝文學最高成就代表

美食家

畫畫高手

全能達人

以詩為詞

「以詩為詞」的手法是蘇軾變革詞風的主要武器，他把詩的表現手法移植到詞中，突破了音樂對詞體的制約和束縛，把詞從音樂的附屬品變為一種獨立的抒情詩體。改變了詞的舊傳統，增加了詞的內容，豐富了詞的體式，促使詞發展成為獨立的抒情詩式樣。他對詞的革新，在詞史上有著不可磨滅的功勳。

年輕時，蘇軾非常喜歡吃肉。他曾在詩中寫到：「寧可食無肉，不可居無竹。」古代的文人雅士都把竹看得很重。蘇軾在詩中將竹和肉並提，儘管是「捨肉取竹」，也足以見得他對肉的喜愛程度了。不過他最愛的並非眾所周知的「東坡肉」，反而是各類魚肉，什麼黃魚、鱸魚啦，都是他的「心頭肉」。

在吃過這些魚肉後，他這個「名嘴」還會對它們進行評論。哪家的黃魚做得最好呢？他說「早歲嘗為荊渚客，黃魚屢食沙頭店」，連店名都寫了出來，放到現在就算是置入性行銷了。

蘇軾還是一個「潮人」，懂得享受生魚片的美味，也就是古時候所謂的「鱠（ㄎㄨㄞˋ）」。有一次他在惠州買到了很便宜的鱸魚，就拿回來讓人做成了生魚片來食用。愛吃肉的人很多，但對於河豚這種美味卻有劇毒的魚類，勇於嘗試的人卻不多。不過依照蘇軾的習慣來看，既然曾經將河豚寫進〈惠崇春江晚景〉一詩中，他多半是嘗過牠的美味了。

太好吃了吧！！！

河豚

又稱河魨（ㄊㄨㄣˊ）。其肉味鮮美、營養豐富，是一種名貴的高檔水產品，被譽為「菜餚之冠」，但其卵巢、肝臟、腎臟、眼睛、血液中含有劇毒，處理不當或誤食，輕者中毒，重者喪命。

Hi，美食文人！

除了各種肉類，粥也是蘇軾詩中的「寵兒」。他會為了一碗豌豆大麥粥專門寫一首詩「炫耀」，也幫豆粥寫詩打過廣告，誇張地說自己吃完以後「神魂顛倒」，才知道這是「人間真味」。可見他對粥十分青睞（ㄌㄞˋ）。

也許是年輕時吃肉太多，吃膩了，年老後，蘇軾的口味來了個一百八十度的大轉彎，從大魚大肉轉向了蔬菜水果，實行健康飲食。但他美食家的本色依然不改，把南國的各種水果都吃遍了。在〈惠州一絕〉中，他毫不掩飾地表達了自己對荔枝的偏愛，放話說如果每天能吃上三百顆荔枝，他願意一直做嶺南人。

除了愛吃並且會吃，身為大美食家的蘇軾還有一個撒手鐧（ㄐㄧㄢˋ）——烹飪手藝高超。據傳，如今我們夏天常吃的涼粉，就是蘇軾在避暑時候發明的，後世為紀念他稱其為「東坡涼粉」。現在我們常吃的蓋飯、燴飯，發明人也是蘇軾哦！他曾經發明過一道「東坡羹」，為此他專門寫過一篇〈東坡羹頌〉來記錄烹調的過程和注意事項，教人把米飯和大雜燴一起放在鍋裡蒸煮，飯菜合一。把菜羹澆在米飯上，可不就很接近如今的燴飯了嗎？

> 如果每天都能吃到三百顆荔枝，我願意永遠都做嶺南人！

不過在他的眾多發明中，最不應該被忽略的，當然就是「東坡肉」啦。為此，他還曾經專門寫過詩——〈豬肉頌〉：「淨洗鐺（ㄔㄥ），少著水，柴頭罨（一ㄢˇ）煙焰不起。待他自熟莫催他，火候足時他自美。黃州好豬肉，價賤如泥土。貴者不肯吃，貧者不解煮，早晨起來打兩碗，飽得自家君莫管。」不僅簡單記錄了烹調「東坡肉」的注意事項，還把吃肉時的自得洋溢紙上。

身為大詩人的蘇軾對於自己的愛吃本性從不避諱（ㄏㄨㄟˋ），還大肆宣揚，不惜走下詩人的神壇，以「老饕」自稱，特地寫過一篇〈老饕賦〉，十分文藝地把烹調和飲食之妙描寫得淋漓盡致！簡直就是一篇「我是美食家，我為自己代言」的美食家賦啊！

> 北宋最會做菜的文人，我敢稱第一，沒人敢稱第二！

東坡肉

又名滾肉、紅燒肉，是眉山和江南地區特色傳統名菜，在蘇菜、浙菜、川菜、鄂（ㄜˋ）菜等菜系中都有。各地做法各有不同，有先煮後燒的，有先煮後蒸的，有直接燜煮收汁的。東坡肉的食材和造型大同小異，食材都是半肥半瘦的豬肉，成品都是切得整整齊齊的四方塊，紅得透亮，色如瑪瑙，肉質軟而不爛，肥而不膩。

Hi，美食文人！

文人日報 第108期

杜審言的詩冠古絕今，無人可及！

狂人杜審言

唐朝最佳「五言律詩」獎
得主：杜審言

詩界明星杜審言：才氣與名氣兼備

「自信狂人」杜審言

　　眾所周知，唐朝是詩歌發展的黃金時期，詩人圈中「明星」輩出，你方唱罷我登場，最不缺的就是精彩詩篇。所以想在唐朝詩歌界打響名氣，詩人們除了靠實力，還得會宣傳。初唐詩人杜審言就是一個逮到機會就幫自己打廣告的人，他自信感爆棚，自誇能力絕頂，每每都能語出驚人，堪稱唐朝的「自信狂人」！

6 Hi，自戀文人！

原來你是這樣的文人

本期主角　杜審言

「詩聖」杜甫的祖父。與李嶠（ㄐㄧㄠˋ）、崔融、蘇味道被稱為「文章四友」，是唐代「近體詩」的奠（ㄉㄧㄢˋ）定者之一，作品多樸素自然。他寫的五言律詩格律嚴謹。原有作品集已經遺失，後人輯有《杜審言詩集》。

杜甫爺爺　「毒舌」　自負不凡　愛吹牛

小檔案

本名	杜審言
別稱	必簡
所處時代	唐朝
民族	漢族
出生時間	約西元 645 年
去世時間	約西元 708 年
主要作品	《杜審言詩集》
主要成就	「文章四友」之一，唐代「近體詩」的奠定者之一

近體詩

又稱今體詩、格律詩，是一種講究平仄（ㄗㄜˋ）、對仗和押韻的詩歌體裁。為了區別於古體詩，所以稱之為近體詩，是初唐之後形成的另一種詩歌體裁。在中國詩歌發展史上有著重要地位，對於歷史文化的研究也做出了卓越的貢獻。著名代表詩人有李白、杜甫、李商隱、陸游等。

對於現代人來說，杜審言這個名字似乎很陌生，但與他同姓的「詩聖」杜甫，總無人不知，無人不曉吧？他們同姓可並非巧合哦！杜甫曾在詩中寫過「吾祖詩冠古」，說的就是自己的爺爺杜審言。雖說是誇自己的爺爺，但身為「詩聖」的杜甫也絕非信口胡謅（ㄕㄡ）之人。

　　杜氏家族是名門，祖上就有為《左傳》作過注的晉朝大學問家杜預，所以杜審言從小就受到文化薰陶，熟讀經書，年輕時已名聲在外，與李嶠、崔融和蘇味道並稱為「文章四友」，更成為五言律詩的奠定者，所以他的五言律詩當然可以稱為超越前人的「冠古」之作。此後不少詩界名家，包括杜甫在內，都深受杜審言詩歌的影響，後世文學評論家們也都肯定了杜審言對唐詩發展的貢獻和他本人的五言律詩水準呢！

★ 杜預

　　魏晉時期著名的政治家、軍事家、經學家、律學家。從小博覽群書，勤於著述，對經濟、政治、曆法、法律、數學、史學和工程等學科都有研究，被譽為「杜武庫」。著有《春秋左氏經傳集解》、《春秋釋例》等，可謂文武雙全。

我爺爺寫的詩可冠古！

沒錯！

你爺爺太厲害了吧！

哇，好佩服哦！

Hi，自戀文人！

由此看來，杜審言這個「自信狂人」還真有自信的本錢呢。至於《新唐書》上為何會用「狂妄自大」來評論他，多半是因為他替自己想的「廣告語」都太過犀利。比如他還在吏部當官時，根據唐例，官員們每年都得提交一份年終述職報告來考察其一年的功績，決定是否給其升官。這樣的表現機會，杜審言當然不會放過，拚命在報告中賣弄文采。可是他除了在自己的報告裡置入「杜審言超有才」的隱藏廣告之外，還不忘拉負責審讀報告的蘇味道給自己當陪襯，冷不防冒出一句「味道必死」，可把在場同僚們都嚇了一跳，以為人家得了什麼絕症呢！一問才知道，原來是杜審言認為自己文章寫得太好，蘇味道看了一定會羞愧至死。這個答案真令人哭笑不得啊！

★ 蘇味道

　　唐朝政治家、詩人，宋朝文學家蘇軾的九世祖。自幼聰穎，並文才出名。詩風清正挺秀，綺而不豔，其詩多詠物。對唐朝律詩發展有推動作用。他的名篇〈正月十五夜〉描寫了洛陽元宵夜花燈的盛況，歷來為人傳誦。

正月十五夜　蘇味道

　　火樹銀花合，星橋鐵鎖開。暗塵隨馬去，明月逐人來。遊伎皆穠李，行歌盡落梅。金吾不禁夜，玉漏莫相催。

好在蘇味道心胸寬廣，就算升官當了宰相，也沒有因此找杜審言麻煩。只是杜審言這「毒舌」的毛病一日不改，難免繼續得罪官場中人。人緣不佳，官運自然也跟著走下坡，他沒升官不說，還被調出京城，成了一個小小地方官。就算這樣，杜審言的自信心絲毫沒有受到打擊，反而更加敢於替自己吆喝，時不時就對人說：「吾文章當得屈、宋作衙官，吾筆當得王羲之北面。」這意思是說，論寫文章，屈原和宋玉也就只能給他杜審言打打下手；論書法，王羲之也得拜他為師。瞧瞧，杜審言已經不滿足於只在詩人圈混，還跨行到書法界把王羲之也給拉下水來，立志要當文壇、書壇的「雙棲」明星啊！

看了上面兩個例子，你可能會對杜審言這種拿別人當墊腳石的做法有些反感，甚至懷疑他的人品有問題，那可就冤枉他了。文人往往都是才華越高，脾氣越怪，越愛逞口舌之快。杜審言自視甚高，自信滿滿，自然更是少不了要經常動動嘴皮子損人，卻也絕無壞心。

儘管杜審言「毒舌」，但對待好友卻是掏心掏肺、真心誠意。就說與他齊名的唐朝文學家崔融去世的時候，杜審言沒半句怨言，為這位比自己還年輕的好友披麻戴孝地服喪，足以見得他的真性情。

不過輪到杜審言自己重病彌留之際，卻依然改不了「口無遮攔」的毛病。當好友宋之問與武平一等人來看望他，詢問他還有沒有什麼遺言時，杜審言老毛病又犯了，大言不慚地表示──只要有他這種才華蓋世的人活在世上一天，好友們就一天不得出頭，現在他要死了，在場的人都應該高興，只是可惜沒有真正有才華的人可以接替他！

> 朋友，對不起，因為我太優秀導致你一直出不了頭。

儘管被杜審言這另類的遺言嗆得面面相覷，宋之問等人在杜審言死後還是又寫祭文紀念，又上疏皇帝稱頌，替杜審言辦了一場隆重風光的葬禮。杜審言若泉下有知，也該慶幸自己交對了朋友。要說唯一「不盡人意」之處，大概就是他臨終前吹噓自己是「前無古人後無來者」的豪言壯語，在幾十年後就被自己的孫子杜甫給打破了。

有一代詩聖杜甫當接班人，真不知杜審言對自己的自信指數是會看漲還是看跌啊！

俗話說，虎父無犬子，杜審言這個自信狂是什麼話都敢說，而他的二兒子杜並是什麼都敢做。在武則天當皇帝時期，杜審言得罪了同事郭若訥和上司周季重，被兩個人合謀誣陷，最後判了死罪。那一年，只有十三歲的杜並做出了一個驚人之舉——父親還沒死，他就打算先為父報仇。有膽有識的杜並趁周季重在府中擺宴席時混入，掏出匕首刺死了周季重。然而他本人沒有逃過府內侍衛的亂刀，和周季重同歸於盡了。當時周季重臨死前，唯一的感慨便是「審言有孝子，吾不知，若訥故誤我」，大意就是早知道杜審言有這麼一個兒子，我就不陷害他了！

此事一出，朝野上下震驚，杜並被推崇為大孝子，也使得他父親杜審言的冤情得以洗清，保住了一命。不過白髮人送黑髮人，杜審言雖然被武則天賞識，卻因兒子的慘死而無法歡喜，真是令人百感交集啊！

審言有孝子

★ 武則天

武曌（ㄓㄠˋ），唐朝至武周時期政治家，中國歷史上唯一的正統女皇帝、即位年齡最大（67歲）及壽命最長的皇帝之一（82歲）。智略過人，兼涉文史，頗有詩才。

專業詞人戰將魂

　　一提到文人，尤其是宋朝的文人，人們腦海中浮現的往往是手無縛雞之力的文弱書生形象。但也並非沒有例外存在，以詞人身分為大家所熟知的辛棄疾就是一個例子。他的好友陳亮就曾用「眼光有稜，足以照映一世之豪；背胛有負，足以荷載四國之重」來形容他，一副孔武有力的豪俠形象躍然紙上啊！

7

Hi，豪俠文人！

原來你是這樣的文人

本期主角　辛棄疾

南宋官員、將領、文學家，豪放派詞人，有「詞中之龍」之稱。與蘇軾合稱「蘇辛」，與李清照並稱「濟南二安」。一生以恢復中原為志，以功業自詡（ㄒㄩˇ），卻命運多舛（ㄔㄨㄢˇ）、壯志難酬。他的詞風格多樣，以豪放為主，風格沉雄豪邁又不乏細膩柔媚；題材廣闊又善用典故入詞，抒寫力圖恢復國家統一的愛國熱情，傾訴壯志難酬的悲憤，對當時執政者的屈辱求和頗多譴（ㄑㄧㄢˇ）責；也有不少吟詠祖國河山的作品。現存詞六百多首，有詞集《稼軒長短句》等。

小檔案

豪放派詩人　熱血

本名	辛棄疾
別稱	幼安、稼軒、忠敏
所處時代	南宋
民族	漢族
出生時間	西元 1140 年 5 月 28 日
去世時間	西元 1207 年 10 月 3 日
主要作品	〈水龍吟・登建康賞心亭〉、〈永遇樂・京口北固亭懷古〉、〈美芹十論〉等
主要成就	豪放派詞人的代表；創設飛虎軍

詞中之龍　愛國將領

豪放派

宋詞流派，與婉約派並為宋詞兩大詞派。特點是創作視野較為廣闊，氣象恢宏雄放，喜歡用詩文的手法、句法寫詞，語詞宏博，用事較多，不拘守音律。蘇軾、辛棄疾為豪放派的代表。內部的分派較少，僅有蘇派、辛派、叫囂派三個階段性的細支。

國文課本將辛棄疾塑造成一位文采斐然的愛國詞人，是豪放詞派的主要代言人。但你可能不知道，他還有另外一面——武力爆表的實力戰將！他可是真正上過戰場、打過仗的將軍哦。朱熹說他是難得的「帥才」，清代文學評論家陳廷焯（ㄓㄨㄛˊ）也將他譽為「詞壇飛將軍（西漢名將李廣）」呢！

　　你說這會不會是誇大其詞？可能文人說話就喜歡誇張一些嘛。那你還真是小瞧了辛棄疾。當年他剛出道打仗時才二十一、二歲，就敢帶著五十多人深入幾萬人的金兵營帳，硬是把殺害抗金起義軍首領耿京的叛徒張安國給擒了出來，一路押到建康，交給南宋朝廷處置。這種於千軍萬馬之中擒賊，卻有如探囊取物般的傳奇故事，聽起來似乎只會發生在武俠小說裡，辛棄疾卻真真切切地辦到了。

★ 朱熹

　　宋朝理學家、思想家、哲學家、教育家、詩人。閩學派的代表人物，理學集大成者，被後世尊稱為朱子。他的理學思想對元、明、清三朝影響很大，成為三朝的官方哲學，是中國教育史上繼孔子後的又一人。

也正因為辛棄疾活捉叛徒這事做得很漂亮，朝廷起用了他。但也不知朝廷是怎麼想的，放著他幾乎滿點的戰將技能不用，反而派他去做文職工作。掌管文書實在太無趣，辛棄疾空有一身武藝與謀略，卻無用武之地⋯⋯他只好一邊任職，一邊撰寫抗金北伐的建議書呈給皇帝，時不時提醒皇帝——微臣可會打仗了，請讓微臣出征抗金去吧！

　　但很遺憾，朝廷沒什麼繼續與金人打仗的想法，只是看辛棄疾這人頭腦聰明，能做事，便先後把他調派到多個地方任職，負責賑濟災荒，管理治安之類的。可惜辛棄疾白費心思寫了一堆建議書，尤其是最出名的《美芹十論》和《九議》，這可是抗金救國、收復失地的大計啊！他寫得文辭動人，條理清晰，氣勢豪邁。但就算被當時的人們流傳稱讚又能怎樣呢？以筆為刃，激揚戰魂的辛棄疾卻還是沒機會上戰場啊！

《美芹十論》

　　它是一部很好的軍事論著，有著很高的研究價值。此文全面分析了北伐抗金的形勢和戰略，展現了辛棄疾的軍事思想。成為辛棄疾的代名詞。

朕知道愛卿詩寫得好，封你做個文官吧！

啊？皇上，我想去前線打仗啊！

不過話說回來,一般的愛國文藝青年,多半在詩詞中喊幾聲殺敵口號也就作罷了,唯有辛棄疾執著地要與金人真刀真槍地玩。他這份戰將魂也是有跡可循的。根據他親自撰寫的《濟南辛氏宗圖》中記載,辛氏祖先中有不少將帥。從他的一些文章中也可以看出,他以家出戰將為榮,再加上親眼看著金人大肆侵略,南宋朝廷苟且偷安,更令他一心想要投身沙場,替朝廷收復失地,一雪前恥!

除了在戰場上殺敵的英武表現和為抗金獻策的建議書外,辛棄疾的戰將魂也滲透在他的主業中──作詞。刀、槍、劍、戟(ㄐㄧˇ)、弓、箭、戈、甲、鐵馬、旌旗、將軍、奇兵等,在辛棄疾之前,從未有哪位詞人在詞中運用過如此密集的軍事意象。

青玉案・元夕

　　東風夜放花千樹,更吹落、星如雨。寶馬雕車香滿路。鳳簫聲動,玉壺光轉,一夜魚龍舞。　蛾兒雪柳黃金縷,笑語盈盈暗香去。眾裡尋他千百度,驀(ㄇㄛˋ)然回首,那人卻在,燈火闌珊處。

＊辛棄疾名作之一。此詞從極力渲染元宵節絢麗多彩的熱鬧場面入手,反襯出一個孤高淡泊、超群拔俗、不同於金翠脂粉的女性形象。寄託著作者政治失意後不願與世俗同流合汙的孤高品格。

就拿人們最熟悉的〈破陣子〉來說。

醉裡挑燈看劍，夢回吹角連營。八百里分麾（ㄏㄨㄟ）下炙，五十弦翻塞外聲，沙場秋點兵。 馬作的盧飛快，弓如霹靂弦驚。了卻君王天下事，贏得生前身後名。可憐白髮生。

區區幾十個字，就包含了近十個軍事意象。哪怕同是豪放詞派的兩大代表人物之一的蘇軾，恐怕也難寫出這份點兵殺敵的氣勢。唯有對沙場魂牽夢縈（ㄧㄥˊ）的辛棄疾，才能用他的筆調奏響邊塞金戈聲。

當然了，誰年輕時候沒有點壯志豪情，沒有滿腔家國夢的情懷？難得的是，辛棄疾心中的這份戰將魂熊熊燃燒了整整四十多年。根據地方志記載，辛棄疾臨終前的遺言很簡單，那就是：「殺賊！殺賊！」

久病在床的辛棄疾用最後的迴光返照，喊出了畢生的願望——厲兵秣（ㄇㄛˋ）馬，殺盡侵略南宋的敵人！

然而造化弄人，時代未能成就辛棄疾的戰場功業，也未能實現他成為抗金將領的夢想，卻又給了他另一重身分——著名愛國詞人。歷史以另一種方式成全了他的一片赤膽忠心。

◆ 厲兵秣馬 ◆

意思是磨快兵器，餵飽戰馬。形容準備戰鬥。

打敗金人，為大宋雪恥！

你的夢想是什麼？

辛棄疾在地方當官時，曾經被監察御史彈劾（ㄏㄜˊ）過，彈劾言辭激烈，說辛棄疾是「用錢如泥沙，殺人如草芥」，用白話來說就是辛棄疾用錢像是用泥沙一樣隨便，殺人就像割草一樣任意，這完全就是一個殺人不眨眼的酷吏形象啊！這道彈劾分量不輕，使得辛棄疾在去浙江擔任提刑的路上，被撤銷了一切職務。但辛棄疾真的是這樣一個酷吏嗎？事實並非如此。

　　據《真西山集》記載，說辛棄疾是「歷威嚴，輕以文法繩下，官吏懾栗，唯恐奉教條，不逮得譴」。可見作為一個上過戰場、殺過敵的戰將，辛棄疾在官場中也奉行的是軍中令行禁止、冷峻嚴苛的那一套做法。雖然在官場上，他不能像軍中那樣罰人幾十軍棍，但追究責任還是可以的。如此一來，辛棄疾底下的官員難免有反抗情緒，加油添醋這麼一上奏，或者反映給監察御史，辛棄疾便成了「酷吏」了。

　　辛棄疾治下嚴厲，卻十分了解百姓疾苦與無奈。有一次，朝廷指派他去平定南方茶商的叛亂，他並沒有盲目暴力地解決問題，反而是調查事情原委後上書皇帝，表示這些茶商叛亂都是被官吏與豪強逼迫的。他如此直言不諱，不僅在皇帝那裡不討喜，在官場上也是吃虧的。用辛棄疾自己的話來說，那就是「年來不為眾人所容，恐言未脫口而禍不旋踵（ㄓㄨㄥˇ）」。可見他也知道自己說話得罪人，那麼被人彈劾潑髒水，也是在所難免的啊！

辛棄疾真的是酷吏嗎？

> 我可是孔子的曾曾曾曾……孫子！

神童去哪兒了

　　有關「神童」的事蹟，從古至今都是為人津津樂道的話題。四歲就能讓梨的天才孔融，本應成為模範樣本的人生，卻因自大走上了人生的另一個極端。

Hi，神童文人！

原來你是這樣的文人

本期主角　孔融

東漢末年文學家，「建安七子」之一，家學淵源，為孔子的二十世孫。少年時就才華出眾，勤奮好學，長大後因為喜歡評議時政，言辭激烈，得罪了曹操而被殺。能詩善文，散文鋒利簡潔，六言詩反映了漢末動亂的現實。原有文集已散佚，明人張溥（ㄆㄨˇ）輯有《孔北海集》。

小檔案

本名	孔融
別稱	孔北海、孔少府
所處時代	東漢
民族	漢族
出生時間	西元 153 年
去世時間	西元 208 年 9 月 26 日
主要作品	已散佚
主要成就	「建安七子」之一

一代名儒
剛正不阿
孔融讓梨
孔子後代

建安七子

漢建安年間（西元 196—220 年）七位文學家的合稱，包括孔融、陳琳、王粲、徐幹、阮瑀（ㄩˇ）、應瑒（一ㄤˊ）、劉楨（ㄓㄣ）。這七人大體上代表了建安時期除曹氏父子（曹操、曹丕、曹植）外的文學成就。他們對於詩、賦、散文的發展，都曾做出過貢獻。

早在十歲那年，孔融的「毒舌」本性便暴露了。當時，有人聽說他為登門拜訪別人而耍小聰明，強攀關係，便說了他一句「小時了了，大未必佳」的評語。孔融立刻反擊道：「您小時候一定很聰明！」言下之意就是「您現在可真沒什麼出息」。且不說對方是長輩，如此回敬實在不夠禮貌，就算是同輩之間，這樣肆無忌憚（ㄉㄢˋ）地反脣相譏，也很容易讓友誼的小船說翻就翻啊！

　　後來孔融在曹操手下混飯吃，也不知收斂，反而自我膨脹得越發厲害，竟然膽大地將「毒舌」工夫對準了曹操，各種批評，例如：拿不存在的典故諷刺曹操與他的兒子曹丕，又寫文抨（ㄆㄥ）擊曹操為節約糧食而頒布的禁酒政令，三番兩次唱反調尚不過癮，還與「擊鼓罵曹」的禰（ㄇㄧˊ）衡成了忘年之交，在家與才俊名士們聚會關起門來，大肆批評曹操。曹操哪裡會乖乖聽之任之？他早已拿起自己的小本本默默記仇，最後讓人列數孔融幾大罪狀，將孔融一家都給斬了。

　　歷史上直言敢諫之臣不在少數，卻非個個都需要付出生命的代價。雖然孔融不畏權貴，喜抨議時政，卻自以為天底下誰都得敬他三分，終究太過狂傲。縱觀孔融的一生，打過的「嘴仗」不少，可是真讓他上手處理內政、保境安民時，政績卻也一般。

　　他收不到賦稅，就脾氣火暴地一天殺了五個下屬。黃巾軍作亂時，他無力對抗，多虧劉備才得以解圍。袁譚進犯，孔融讀書談笑，並不採取行動，眾人還以為是他胸有成竹。誰料最後城池被破，他丟下妻兒就隻身逃了……他長大後的為人處事跟他兒時讓梨的謙讓，彷彿是兩個人啊！

本期主角　司馬光

北宋政治家、史學家、文學家。為人溫良謙恭，剛正不阿。做事用功，刻苦勤奮。以「日力不足，繼之以夜」自詡，堪稱儒學教化下的典範。生平著作甚多，主要有《溫國文正司馬公文集》、《稽古錄》、《涑水記聞》、《潛虛》等，還主持編纂了編年體通史《資治通鑑》。

博學多識　歷史達人　誠實人　司馬光砸缸

小檔案

本名	司馬光
別稱	司馬溫公、涑（ㄙㄨˋ）水先生
所處時代	北宋
民族	漢族
出生時間	西元 1019 年 11 月 17 日
去世時間	西元 1086 年 10 月 11 日
主要作品	《溫國文正司馬公文集》、《稽古錄》等
主要成就	主持編纂《資治通鑑》；歷仕四朝，政績卓著

資治通鑑

由司馬光主編的一部多卷本編年體史書，三百多萬字，共 294 卷，歷時 19 年完成。主要以時間為綱，事件為目，從周朝的威烈王二十三年（西元前 403 年）寫起，到五代時期的後周世宗顯德六年（西元 959 年）征淮南停筆，涵蓋 16 朝 1362 年的歷史。

「神童」也不全像是孔融這樣不得善終的，也有走出這「小時了了，大未必佳」的詛咒的，司馬光就是其中之一。

　　後世有人調侃司馬光，說他在七歲砸缸之後只做了兩件事：嘔心瀝血編通鑑，一心一意反新法。這兩件事說起來容易，做起來卻難。史書《資治通鑑》可不是誰都可以編成的，也不是人人都有足夠的能力和聲望來反對王安石推行的新法。要知道，司馬光七歲時除了會「砸缸」，還能將史書《左氏春秋》倒背如流。砸缸事件雖然讓司馬光就此成名，卻沒有沖昏他的頭腦。在讀書學史方面，司馬光一如既往地勤勉，也曾跟著父親四處遊學，增長見識。所謂的「讀萬卷書，行萬里路」，司馬光都做到了。因此拚學識，司馬光可不輸孔融。

　　那麼論為人修養呢？司馬光雖剛正不阿，崇尚勤儉，與陽奉陰違、爾虞我詐的官場格格不入，但他在朝為官時從沒做過什麼「驚天地」的出格事，也沒說過什麼「泣鬼神」的荒唐話，他陸陸續續寫了一百七十多封奏疏，用這種細水長流的方式去打動宋仁宗（北宋第四位皇帝）的心，終於精誠所至，金石為開，宋仁宗看到了司馬光為國為民的赤子之心，將他提拔上來辦事。

精誠所至，金石為開

　　意思是人的誠心所到，能感動天地，使金石為之開裂。比喻只要專心誠意去做，什麼疑難問題都能解決。

但到了宋神宗（北宋第六位皇帝）時期，司馬光又「失寵」了，倒也不是因為別的，而是宋神宗青睞的是由王安石制定出的那一套新法，而司馬光卻認為新法將加重百姓負擔。但他也懂得萬事不能強求，更深知一山難容二虎的道理。因此向宋神宗力爭不成後，司馬光選擇隱退，專心隱居到洛陽編修《資治通鑑》去了。

　　司馬光這一編就是整整十五年，直到宋神宗病逝，年僅十歲的宋哲宗繼位，由祖母太皇太后高氏當政。高氏頗為賞識司馬光的才幹請他出山，他也不推辭，立刻出山。司馬光出山後立刻廢止王安石推行的新法。然而他在廢除新法時沒有將新法一分為二地看待，導致其中合理的舉措也被一併廢除。但人非聖賢，孰能無過？司馬光以將近七十的高齡為國事操勞，兢兢業業地輔佐幼帝，依舊得到了眾人的尊敬。

　　司馬光雖與王安石政見不同，卻沒因此就小心眼地一味貶低政敵，別人說王安石奸邪，他也能客觀地評價：「說王安石奸邪就太詆毀人了，他不過是性情執拗而已啊！」他這份謙遜寬和，是孔融做不到的。

★ 王安石

　　北宋著名思想家、政治家、文學家、改革家。王安石變法以發展生產，富國強兵，挽救宋朝政治危機為目的，以「理財」、「整軍」為中心，涉及政治、經濟、軍事、社會、文化各個方面，是中國古代史上繼「商鞅變法」之後又一次規模龐大的政治變革運動。

挖個地洞來編書

《資治通鑑》簡稱為《通鑑》。在這部史書裡，司馬光等編者（協修者有劉恕、劉攽、范祖禹三人）總結出許多經驗教訓，供統治者借鑑。北宋的宋神宗認為此書「鑑於往事，有資於治道」，即「以歷史的得失作為鑑戒來加強統治」，所以定名為《資治通鑑》。

《資治通鑑》是中國歷史上第一部編年體通史，其時間長達1362年之久。要將周朝晚期到五代時期為止的歷史都編入其中，這工作量確實大到令人「禿頭」，幸而在司馬光單打獨鬥編寫出一部分歷史後，這部史書就受到了宋英宗（宋朝第五位皇帝）的青睞。宋英宗當即大筆一揮，慷慨地配給他一個專門的書局，挑選官吏做助手，共同編纂。

就算這樣，編書的過程依舊艱辛。在遠離朝堂的十幾年裡，司馬光不好奢侈之風，只在簡陋的小屋裡悶頭伏案，奈何夏日時酷熱難耐，汗水沾溼墨跡，他便請人在書屋中挖了一間好歹涼快一些的地下室，窩在裡頭，繼續工作，還因此被人笑作「穴居者」呢。

★ 劉恕

《資治通鑑》副主編之一，精研史學，以魏晉史事最為精熟。

★ 劉攽

北宋史學家，一生潛心史學，治學嚴謹，負責《資治通鑑》的漢史部分。

★ 范祖禹

北宋史學家，文學家、政治家，負責《資治通鑑》唐史部分。

我也是醉了

　　曹操說：「何以解憂，唯有杜康。」有些人單純是借酒澆愁，有愁才喝。

　　在如今很多人把「我也是醉了」當口頭禪的時代，不妨回過頭來看看古代詩人們都是怎麼個「醉」法的吧！

Hi，「酒迷」文人！

原來你是這樣的文人

本期主角　李白

唐朝偉大的浪漫主義詩人，被譽為「詩仙」，與杜甫並稱為「李杜」。為人爽朗大方，愛飲酒作詩，喜交友。有《李太白集》傳世，詩作很多為酒後所寫，代表作有〈望廬山瀑布〉、〈行路難〉、〈蜀道難〉、〈將進酒〉等。所作的詩賦，就其開創意義及藝術成就而言，享有極為崇高的地位。對後世產生了極為深遠的影響，中唐的韓愈、孟郊、李賀，宋朝的蘇軾、陸游、辛棄疾，明清的高啟、楊慎、龔（ㄍㄨㄥ）自珍等著名詩人，都受到李白詩歌的巨大影響。

小檔案

浪漫派詩人　詩仙

快意瀟灑　能文能武

本名	李白
別稱	李十二、詩仙、青蓮居士
所處時代	唐朝
民族	漢族
出生時間	西元 701 年
去世時間	西元 762 年 12 月
主要作品	〈靜夜思〉、〈蜀道難〉、〈明堂賦〉、〈夢遊天姥吟留別〉、〈行路難〉等
主要成就	創造了古代浪漫主義文學高峰，歌行體和七言絕句達到後人難及的高度

李白詩作特點

李白的樂府、歌行及絕句詩成就最高。他謳（ㄡ）歌中國山河與美麗的自然風光，風格雄奇奔放，俊逸清新，富有浪漫主義精神，達到了內容與藝術的統一。常將想像、誇飾、譬喻、擬人等手法綜合運用，進而造成神奇異彩、瑰麗動人的意境，他的詩作給人豪邁奔放、飄逸若仙的感覺。

免費喝酒？都是死忠粉絲！

比起典衣換酒的杜甫，詩仙李白就喝得比較舒爽了。前有賀知章一眼相中，奉他為「謫仙人」，十分慷慨地把自己作為官員的配飾解下換酒，請李白痛飲；後有大金主唐玄宗看上了李白的才華，吃飯管飽，喝酒管醉。這才有了「李白斗酒詩百篇，長安市上酒家眠。天子呼來不上船，自稱臣是酒中仙」的名句。雖然後來由於李白得罪了高力士與楊貴妃，被唐玄宗辭退，可是人家唐明皇又給了一筆不菲的遣散費，不怕李白不夠喝啊！

★ 唐玄宗

唐玄宗李隆基，唐朝在位時間最長的皇帝，也是唐朝極盛時期的皇帝。在位前期，勵精圖治，開創了唐朝的極盛之世──「開元之治」；後期怠慢朝政、寵信奸臣、寵愛楊貴妃，加上政策失誤等，導致後來的安史之亂，為唐朝由盛轉衰埋下伏筆。

★ 高力士

唐朝宦官，幼年入宮，受到武則天的賞識。唐玄宗統治期間，其地位達到頂點。

> 謫仙人，今天我請客，你儘管喝！

★ 賀知章

唐朝詩人、書法家。為人曠達不羈，好酒，其詩文以絕句見長，寫景、抒懷之作風格獨特，清新瀟灑，其中〈詠柳〉、〈回鄉偶書〉等膾炙人口，千古傳誦。

本期主角　陶淵明

東晉末至南朝劉宋初期傑出的詩人、辭賦家、散文家。曾出仕，後歸隱田園，是中國第一位田園詩人，被稱為「古今隱逸詩人之宗」，有《陶淵明集》。他的文學思想是魏晉南北朝文學思想的重要組成部分。他不言教化、不事雕琢，注重情感的自由抒發，注重詩文的自然天成。

小檔案

不為五斗米折腰　田園詩人　隱居達人　愛寫飲酒詩

本名	陶淵明
別稱	元亮、陶潛、五柳先生、靖節先生
所處時代	東晉至南北朝
民族	漢族
出生時間	西元 352 或 365 年（存在爭議）
去世時間	西元 427 年
主要作品	《陶淵明集》
主要成就	田園詩派創始人，文學史第一個大量寫飲酒詩的詩人

田園詩

　　中國古代的田園詩是指歌詠田園生活的詩歌，多以農村景物和農民、牧人、漁夫等的生活為題材。東晉大詩人陶淵明開創了田園詩體後，唐宋等詩歌中的田園詩便主要變成了隱居不仕的文人、從官場退居田園的仕宦者們所作的以田園生活為描寫對象的詩歌。田園詩和邊塞詩並稱唐朝開元、天寶年間兩大詩派，前者恬淡樸實，後者雄渾豪邁。

不要錢只要酒？給了錢也買酒

陶淵明寫詩，幾乎篇篇都得沾個「酒」字，本人也是一天不沾酒就渾身不舒服。因為辭官歸隱，陶淵明平日裡手頭也有點緊，但擋不住好友闊綽。一次，顏延之去看望他，臨走時塞了兩萬錢給他。於是好友前腳一走，他後腳就把兩萬錢都交給經常去喝酒的那家店老闆了——分期付酒，慢慢喝！還有一次重陽節，陶淵明因為家中沒有酒可以喝，索性什麼事都不做，就握著一把菊花坐在籬笆旁邊想「靜靜」。幸好另一位好友王弘給他帶了酒，他才像活過來似的，和好友喝到一醉方休。所以看望陶淵明就甭帶錢，直接帶酒好啦。

★ 顏延之

南朝劉宋時期的文學家、文壇領袖人物，元嘉三大家之一，勤奮好學，和陶淵明私交甚篤，性格有些偏激，經常酒醉後犯下過失。

> 把好酒通通給我端上！

> 好嘞，沒問題！

★ 王弘

南朝劉宋開國功臣、書法家，東晉丞相王導曾孫，中領軍王洽之孫，司徒王珣長子。

本期主角　阮籍

三國時期的魏國詩人、竹林七賢之一。父親阮瑀是漢末著名的「建安七子」之一。阮籍早年崇尚儒家思想，志在用世，後來發生魏晉禪代的政治動亂，由於對現實的失望和深感生命無常，因此採取了蔑（ㄇㄧㄝˋ）棄禮法名教的激憤態度，轉到以隱世為旨趣的道家思想上來。

小檔案

胸無大志　愛喝酒　竹林七賢　離經叛道

本名	阮籍
別稱	嗣宗、阮步兵
所處時代	三國
民族	漢族
出生時間	西元 210 年
去世時間	西元 263 年
主要作品	〈大人先生傳〉、〈詠懷八十二首〉等
主要成就	大力創作五言詩、玄學，竹林七賢之一，「正始之音」的代表

竹林七賢

竹林七賢指的是嵇（ㄐㄧ）康、阮籍、山濤、向秀、劉伶、王戎及阮咸這七個人。七人常常在當時的山陽縣竹林聚會喝酒，後人結合地名，稱他們為竹林七賢。竹林七賢的作品繼承了建安文學的精神，由於當時的封建統治，文人不能直抒胸臆，不得不採用比興、象徵、神話等手法，隱晦（ㄏㄨㄟˋ）曲折地表達自己的思想感情。竹林七賢是當時玄學的代表人物，深受人們敬重。

公費喝酒？這是必需的！

　　雖然免費喝酒比賣衣換酒要好得多，但朋友的接濟總歸有限，金主哪天心情不好了，也就一筆遣散費將你打發了。所謂金飯碗銀飯碗，都不如自個兒的鐵飯碗——找個公費喝酒的機會，才最安穩。

　　竹林七賢中的阮籍就是一個典型的例子：他聽說步兵營伙食不錯，還有隱藏福利，那就是有人善於釀酒，營中貯酒居然有三百多斛（ㄏㄨˊ）！於是，阮籍火速去求了個步兵校尉的官職來做，只等著正式上任，名正言順把軍營的藏酒喝個精光。按照他一口氣就能喝兩斗的酒量，算算三百斛也喝不了幾天！不過，酒喝完了還能再釀，只要官職在，還愁沒得喝？但阮籍可不這麼想，他喝完酒之後，官也不做了就偷偷離開了！

　　看來，詩人們在喝酒這方面，可謂「八仙過海各顯神通」，總有法子喝上酒。

| 斛 | 中國舊量器名，容量單位，一斛本為十斗，後來改為五斗。一斗等於十升。一升等於 1000 毫升。 |

Hi，「酒迷」文人！

國家圖書館出版品預行編目（CIP）資料

原來歷史是這樣【才子上場】／程琳著；熊慧賓繪.-- 初版.
-- 臺北市：五南圖書出版股份有限公司, 2025.08
　　面；　公分
ISBN 978-626-423-487-0（平裝）

1.CST：作家　2.CST：傳記　3.CST：通俗作品
4.CST：中國

782.24　　　　　　　　　　　　　　　114007062

ZX3S

原來歷史是這樣【才子上場】

作　　者 ― 程　琳
繪　　者 ― 熊慧賓
編輯主編 ― 黃文瓊
責任編輯 ― 吳雨潔
文字校對 ― 盧文心、溫小瑩
封面設計 ― 張巧儒
內文編排 ― 張巧儒
出 版 者 ― 五南圖書出版股份有限公司
發 行 人 ― 楊榮川
總 經 理 ― 楊士清
總 編 輯 ― 楊秀麗
地　　址：106臺北市大安區和平東路二段339號4樓
電　　話：（02）2705-5066
傳　　真：（02）2706-6100
網　　址：https：//www.wunan.com.tw
電子郵件：wunan@wunan.com.tw
劃撥帳號：01068953
戶　　名：五南圖書出版股份有限公司
法律顧問：林勝安律師
出版日期：2025年8月初版一刷
定　　價：280元

中文繁體版通過成都天鳶文化傳播有限公司代理，由山西人民出版社有限公司授予五南圖書出版股份有限公司獨家出版發行，非經書面同意，不得以任何形式複製轉載。

※版權所有·欲利用本書內容，必須徵求本公司同意※

經典永恆・名著常在

五十週年的獻禮──經典名著文庫

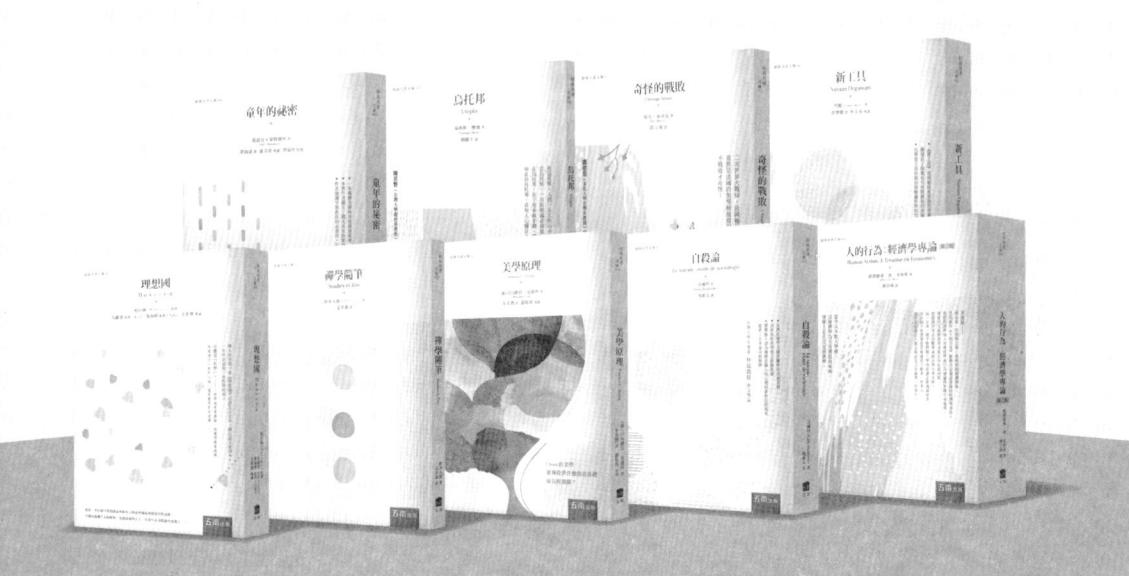

五南，五十年了，半個世紀，人生旅程的一大半，走過來了。
思索著，邁向百年的未來歷程，能為知識界、文化學術界作些什麼？
在速食文化的生態下，有什麼值得讓人雋永品味的？

歷代經典・當今名著，經過時間的洗禮，千錘百鍊，流傳至今，光芒耀人；
不僅使我們能領悟前人的智慧，同時也增深加廣我們思考的深度與視野。
我們決心投入巨資，有計畫的系統梳選，成立「經典名著文庫」，
希望收入古今中外思想性的、充滿睿智與獨見的經典、名著。
這是一項理想性的、永續性的巨大出版工程。
不在意讀者的眾寡，只考慮它的學術價值，力求完整展現先哲思想的軌跡；
為知識界開啟一片智慧之窗，營造一座百花綻放的世界文明公園，
任君遨遊、取菁吸蜜、嘉惠學子！